Das Glück liegt in Fahrtrichtung

Heitere Geschichten für Fahrradfreunde

Das
Glück
liegt in Fahrtrichtung

Das heitere Geburtstagsbuch
für Fahrradfreunde

benno

Bibliografische Information der Deutschen Nationalbibliothek
Die Deutsche Nationalbibliothek verzeichnet diese
Publikation in der Deutschen Nationalbibliografie;
detaillierte bibliografische Daten sind im Internet unter
http://dnb.d-nb.de abrufbar.

Besuchen Sie uns im Internet:
www.st-benno.de

Gern informieren wir Sie unverbindlich und aktuell
auch in unserem Newsletter zum Verlagsprogramm,
zu Neuerscheinungen und Aktionen.
Einfach anmelden unter www.vivat.de.

Dieses Buch ist eine gekürzte Neuausgabe und erschien
im Jahr 2017 unter dem Titel „Klingel, Kette & Pedale."

ISBN 978-3-7462-6457-8

© St. Benno Verlag GmbH, Leipzig
Zusammenstellung: Volker Bauch, Gößnitz
Umschlaggestaltung: Ulrike Vetter, Leipzig
Gesamtherstellung: Kontext, Dresden (C)

Inhalt

Rückblick im Spiegel

Das Leben ist wie ein Fahrrad,
man muss sich vorwärtsbewegen,
um das Gleichgewicht nicht zu verlieren.

Albert Einstein

Wie man ein Hochrad bändigt

Ich ließ mir die Sache durch den Kopf gehen und kam zu dem Schluss, ich könnte das schaffen. Also ging ich hin und kaufte eine große Flasche Pond's Heilextrakt und ein Hochrad. Der Experte begleitete mich nach Hause, um mich einzuweisen. Wir wählten den Hinterhof, der Privatsphäre wegen, und machten uns ans Werk.
Meines war keiner dieser ausgewachsenen Drahtesel, sondern eher ein Fohlen – ein Fünfzigzöller mit auf die Trittlänge eines Achtundvierzigers verkürzten Pedalkurbeln – und störrisch wie alle anderen Fohlen auch. Der Experte erläuterte kurz das Drum und Dran des Dings, schwang sich dann hinauf und fuhr ein wenig herum, um mir zu zeigen, wie einfach das geht. Er sagte, das Absteigen zu lernen sei vielleicht das Schwierigste, sodass wir uns das bis zuletzt aufsparen sollten. Aber da irrte er sich. Zu seiner Überraschung und Freude stellte er fest, dass er mich nur auf die Maschine zu hieven und beiseite zugehen brauchte, und schon war ich ganz von allein wieder unten. Obwohl ich keinerlei Erfahrung hatte, stieg ich in Rekordzeit ab. Er stand auf der einen Seite und stemmte das Rad hoch, mit Getöse gingen wir allesamt zu Boden, er zuunterst, dann ich und obenauf die Maschine.
Wir untersuchten sie, aber sie war völlig unversehrt. Das war kaum zu glauben. Aber der Experte versicherte mir, so sei es, das habe die Untersuchung ergeben. Da begann ich zu begreifen, wie bewundernswert diese Dinger konstruiert waren. Wir massierten uns mit ein wenig

Pond's Heilextrakt ein und begannen von vorn. Diesmal ging der Experte auf die andere Seite, um mir hoch zu helfen, aber dorthin stieg ich auch wieder ab, und das Ergebnis war folglich dasselbe wie zuvor.

Die Maschine hatte nichts abbekommen. Wir rieben uns wieder ein und begannen erneut. Der Experte wählte diesmal eine geschützte Position hinter mir und dem Rad, aber irgendwie landeten wir doch wieder auf ihm.

Er war verblüfft und meinte anerkennend, das sei nicht normal. Dem Rad ging es gut, es hatte nicht eine Schramme davongetragen, kein Splitter ragte hervor. Das sei ja wundervoll, sagte ich, während wir uns mit Heilextrakt behandelten, aber er meinte, ich sollte erst einmal diese stählernen Speichen kennenlernen, dann würde mir klar, dass nur Dynamit sie aus der Fasson bringen könne. Dann humpelte er in Position, und wir gingen die Sache noch einmal an. Jetzt nahm der Experte die Position eines Fängers ein und bat einen Mann von hinten zu schieben. Wie nahmen ordentlich Fahrt auf – geradewegs über einen Ziegelstein; ich schoss über den Lenker, landete kopfüber auf dem Rücken meines Lehrers und sah die Maschine zwischen mir und der Sonne durch die Luft flattern. Gut, dass sie auf uns herabfiel, denn das milderte den Aufprall, und sie blieb unversehrt.

Fünf Tage später konnte ich das Haus verlassen, ließ mich zum Krankenhaus bringen und fand, dass der Experte schon gute Fortschritte machte. Nach ein paar weiteren Tagen war ich wieder ganz gesund. Das schreibe ich meiner Umsicht zu, stets auf weichem Grund abzusteigen. Manche empfehlen ein Federbett, aber ich verlasse mich lieber auf einen Experten.

Der Experte wurde schließlich als geheilt entlassen und kam mit vier Assistenten wieder. Das war eine kluge Idee. Diese vier hielten das grazile Speichenrad hoch, während ich in den Sattel kletterte. Dann bildeten sie einen Geleitzug und marschierten zu beiden Seiten neben mir her, während der Experte von hinten schob; beim Aufstieg halfen alle Hände mit.

Das Rad hatte die Unart, die man „Wabbeln" nennt, und das nicht zu knapp. Mich in Position zu halten erforderte eine Menge Dinge von mir, und in jedem Fall war das Erforderliche wider die Natur. Wider die Natur, aber nicht wieder die Naturgesetze. Mit anderen Worten: Was auch immer gerade erforderlich war, meine Natur, Gewohnheit und Erziehung veranlassten mich, es auf eine Weise zu versuchen, während irgendein unumstößliches und unvermutetes physikalisches Gesetz verlangte, es genau andersherum zu machen. Hierdurch ging mir auf, wie grotesk und grundfalsch die lebenslange Erziehung meines Körpers und seiner Glieder war. Sie hatten keine Ahnung, sie wussten nichts – jedenfalls nichts, das zu wissen hilfreich gewesen wäre. Wenn ich zum Beispiel merkte, dass ich nach rechts kippte, riss ich den Lenker hart zur anderen Seite herum, was ein ganz natürlicher Impuls war, verstieß damit aber gegen ein Gesetz und fiel weiter. Das Gesetz verlangte das Gegenteil – das große Rad muss in die Richtung gelenkt werden, in die man zu fallen droht. Es ist schwer, das zu glauben, wenn es einem gesagt wird. Und nicht nur schwer zu glauben, sondern unmöglich; es widerspricht allen bisherigen Vorstellungen: Und es zu tun fällt ebenso schwer, selbst dann noch, wenn man es endlich eingesehen hat. Daran zu glauben und dank unwiderlegbarer Beweise zu wissen, dass es stimmt, hilft gar nichts: Man bringt es ebenso fertig wie zuvor und kann sich anfangs weder dazu zwingen noch überreden. Der Intellekt muss erst die Oberhand gewinnen. Er muss den Gliedern beibringen, ihre alte Erziehung abzulegen und sich die neue anzueignen. Die Stufen des eigenen Fortschritts sind deutlich vorgezeichnet. Am Ende jeder Lektion weiß ein jeder, dass er etwas dazugelernt hat, und er weiß auch, was dieses Etwas ist, und ebenso, dass es ihm nicht mehr verlorengeht. Das ist anders, als Deutsch zu lernen, wo man dreißig Jahre lang tastend und unsicher vor sich hin tappt, und wenn man endlich das Gefühl hat, es geschafft zu haben, schleudern sie einem den Konjunktiv an den Kopf, und dann steht man da. Nein, das fällt mir jetzt wie Schuppen von den Augen – das Missliche an der deutschen Sprache ist halt, dass man von ihr nicht herunterfallen und sich weh tun kann. Denn es gibt nichts Besseres als das, um einen dazu zu bringen, sich ganz auf die Sache zu konzentrieren. Meine Erfahrungen mit dem Hochrad haben mir aber auch gezeigt, dass die einzig richtige und sichere Art, Deutsch zu lernen, die Hochradmethode ist. Das heißt, sich immer nur eine Gemeinheit dieser Sprache vorzunehmen und sie zu lernen, ehe man sich der nächsten stellt, dabei nicht lockerzulassen und sich nicht etwa von einer halb gelernten zur nächsten durchzumogeln.

Wenn man beim Radfahren den Punkt erreicht hat, an dem man die Maschine einigermaßen im Gleichgewicht halten und vorwärtsbewegen und lenken kann, kommt die nächste Aufgabe auf einen zu – wie man aufsteigt.

Das macht man so: Man hüpft auf dem rechten Fuß hinter ihr her, während der andere links auf der Trittraste ruht und die Hände auf den Lenker festhalten. Auf Kommando stemmt man sich auf der Raste hoch, streckt das linke Bein, lässt das andere in nicht klar festgelegter Weise in der Luft baumeln, presst sich mit dem Bauch gegen das hintere Ende des Sattels und fällt dann herunter, sei es zu der einen oder zu der anderen Seite; jedenfalls fällt man herunter. Dann steht man auf und macht es von neuem, und noch einmal, und dann wieder und wieder.

Inzwischen hat man gelernt, die Balance zu halten und auch zu steuern, ohne den Lenker mitsamt der Wurzel herauszureißen (ich sage Lenker, weil es ein Lenker ist: „Lenkstange" ist bloß eine lahme Umschreibung). So steuert man eine Weile immer geradeaus, dann stützt man sich mit gleichmäßiger Kraftanstrengung vorn auf, hievt das rechte Bein hoch und dann den Körper in den Sattel, verschnauft kurz, fängt sich dabei einen heftigen Schlenker erst hierhin und dann dorthin ein und geht wieder zu Boden.

Aber mittlerweile kümmert einen das Herunterfallen nicht mehr; man landet mit ziemlicher Sicherheit auf dem einen oder dem anderen Fuß. Sechs weitere Versuche und sechs weitere Stürze machen einen vollkommen. Beim nächsten Mal landet man problemlos im Sattel und bleibt auch dort – vorausgesetzt, man begnügt sich damit, die Beine baumeln und die Pedale ein Weilchen in Ruhe zu lassen, denn wenn man sofort nach den Pedalen angelt, geht es wieder abwärts. Bald hat man gelernt, ein wenig zu warten und die Balance zu vervollkommnen, bevor man nach den Pedalen ausgreift; dann hat man die Kunst des Aufsteigens erlernt und beherrscht sie vollständig, und mit ein wenig Übung kommt sie einem einfach und leicht vor; auch wenn man Zuschauern fünf oder zehn Yard Abstand empfehlen sollte, sofern man nichts gegen sie hat.

Und nun geht es an den freiwilligen Abstieg; die andere Variante hatten wir ja schon gleich zu Anfang gelernt. Jemanden zu erklären, wie das geht, ist ganz einfach; dazu bedarf es nicht vieler Worte, die Anforderungen sind übersichtlich und offenbar leicht zu erfüllen: Lassen Sie das linke Pedal nach unten gehen, bis das linke Bein nahezu gestreckt ist, drehen Sie das Rad nach links, und steigen Sie ab wie von einem Pferd. Das klingt zweifellos äußerst einfach, ist es aber nicht. Warum es das nicht ist, weiß ich auch nicht, aber so ist es nun einmal. Auch wenn man sich die größte Mühe gibt, kommt man nicht herunter wie von einem Pferd, sondern eher wie von einem brennenden Haus, und zum Gespött macht sich dabei allemal.

Acht Tage lang nahm ich täglich eineinhalb Stunden Unterricht. Am Ende dieser Lehrzeit von zwölf Arbeitsstunden erhielt ich meinen Abschluss – fürs Erste. Man bescheinigte mir die Befähigung, mein Hochrad ohne fremde Hilfe zu bewegen. Wie rasch man eine solche Fähigkeit erwirbt, ist schier unglaublich. Man braucht erheblich länger, als ein Pferd leidlich reiten zu lernen.

Nun trifft es zwar zu, dass ich auch ohne einen Lehrer hätte lernen können, aber das wäre meiner angeborenen Ungeschicklichkeit wegen riskant gewesen. Der Autodidakt weiß selten etwas genau, und er weiß nicht ein Zehntel von dem, was er hätte wissen können, wenn er sich einen Lehrer genommen hätte. Abgesehen davon prahlt er herum und trägt so dazu bei, andere Unbedachte zu verleiten, loszulegen und es ihm gleichzutun. Da gibt es welche, die sich einbilden, dass die unrühmlichen Vorkommnisse des Lebens – die „Lebenserfahrung" – uns in irgendeiner Weise nützlich seien. Ich wüsste gern wie. Mir ist kein Missgeschick bekannt, das sich zweimal ereignet hätte. Solche Ereignisse ändern sich ständig und lungern herum, bis sie einen da erwischen, wo man unerfahren ist. Wenn persönliche Erfahrung irgendetwas zur Bildung beitragen könnte, würde man Methusalem wohl kaum austricksen können, und doch –, käme dieser alte Herr zu uns zurück, würde er sich wahrscheinlich als Erstes einen von diesen elektrischen Drähten schnappen und sich darin verheddern. Nun wäre es für ihn gewiss der sicherere Weg und das weisere Vorgehen gewesen, jemanden zu fragen, ob es ratsam sei, so etwas anzufassen. Aber das hätte ihm nicht gepasst; er wäre einer von diesen Autodidakten, die auf Erfahrung aus sind und alles selbst ausprobieren wollen. So würde er die lehrreiche Erfahrung machen, dass ein umwickelter Patriarch einen elektrischen Schlag bekommt, und auch das wäre ihm von Nutzen und würde seine Bildung abrunden und auf den neuesten Stand bringen, bis er irgendwann wiederkommt und einen Kanister Dynamit auf den Boden wirft, um herauszufinden, was darin ist.

Aber wir kommen vom Thema ab. Wie auch immer, nehmen Sie sich einen Lehrer. Das spart viel Zeit und Pond's Extrakt.

Bevor mein Lehrer sich endgültig von mir verabschiedete, erkundigte er sich nach meiner Muskelkraft, und ich konnte ihm die Auskunft geben, dass ich keine habe. Er sagte, das sei ein Manko, das mir das Bergauffahren anfangs sehr erschweren werde, aber er meinte auch, dem werde das Rad bald abhelfen. Der Kontrast zwischen seinen Muskeln und meinen war ziemlich ausgeprägt. Er wollte meine prüfen, deshalb bot ich meinen Bizeps an – das Beste, was ich zu bieten hatte. Er musste sich ein Lächeln verkneifen und sagte: „Der ist wabbelig und weich wie Brei, ist rundlich und gibt nach; er weicht dem Druck aus und flutscht unter den Fingern hin und her; im Dunkeln könnte man ihn für eine Teigtasche mit einer Auster darin halten." Vielleicht sah er mir an, dass mich das betrübte, denn er fügte rasch hinzu: „Oh, das macht nichts, Sie brauchen sich deswegen keine Sorgen zu machen, bald werden Sie ihn nicht mehr von einer versteinerten Niere unterscheiden können. Machen Sie nur weiter mit Ihren Übungen, das wird schon."

Dann verließ er mich, und ich machte mich nun allein auf die Suche nach Abenteuern. Man braucht sie nicht wirklich zu suchen – das ist nur so eine Redensart –, nein, sie kommen auf einen zu.

Ich wählte eine stille, sonntäglich anmutende Seitenstraße, die zwischen den Rinnsteinen etwa dreißig Yard breit war. Mir war klar, dass das nicht breit genug war, glaubte aber, wenn ich nur gehörig aufpasste und keinen Platz verschenkte, mich hindurchzwängen zu können.

Natürlich hatte ich Schwierigkeiten, die Maschine zu besteigen, so ganz auf mich gestellt und ohne aufmunternde moralische Unterstützung von außen, ohne einen mitfühlenden Lehrer, der sagte: „Gut! Sie machen das gut – jetzt auch wieder – lassen Sie es langsam angehen

– na bitte, es geht doch – jetzt reißen Sie sich zusammen, und fahren Sie los!" Stattdessen bekam ich anderweit Unterstützung, nämlich von einem Jungen, der auf einem Torpfosten hockte und an einem Brocken Ahornzucker knabberte. Er zeigte großes Interesse und sparte nicht mit Kommentaren. Als ich das erste Mal scheiterte und herunterfiel, sagte er, an meiner Stelle würde er sich Kissen umbinden, das würde er tun. Als ich das nächste Mal zu Boden ging, riet er mir, erst einmal Dreirad fahren zu lernen. Bei meinem dritten Sturz sagte er, er glaube nicht, dass ich mich auf einem Pferdefuhrwerk würde halten können. Aber beim nächsten Mal schaffte ich es schließlich, kam schlingernd und schlenkernd in Gang und nahm dabei fast die ganze Straße in Anspruch. Meine langsame und schwerfällige Fahrweise erfüllte den Jungen bis über beide Ohren mit Verachtung, und er rief aus voller Kehle: „Meine Güte, was saust der ab!" Dann kletterte er von seinem Pfosten herab und schlenderte neben mir den Gehsteig entlang, noch immer beobachtend und gelegentlich kommentierend. Schließlich heftete er sich an meine Fersen und trottete hinter mir her. Ein kleines Mädchen, das ein Waschbrett auf dem Kopf balancierte, kam vorbei, kicherte und schien eine Bemerkung machen zu wollen, aber der Junge wies sie zurecht und sagte: „Lass ihn in Ruhe, der ist auf dem Weg zu einem Begräbnis!"

Mir war diese Straße seit Jahren vertraut, und ich hatte sie stets für absolut eben gehalten. Das war sie aber nicht, wie mir das Rad nun zu meiner Überraschung verriet. Ein Hochrad in den Händen eines Anfängers ist so empfindlich und präzise wie eine Wasserwaage, wenn es darum geht, feinste und kaum wahrnehmbare Höhenunterschiede aufzuspüren. Es bemerkt eine Steigung, wo das untrainierte Auge keine festzustellen vermag, und registriert jedes noch so geringe Gefälle, dem das Wasser folgen würde. Ich rackerte mich eine leichte Steigung hinauf, war mir dessen aber nicht bewusst. Ihretwegen geriet ich ins Strampeln, Keuchen und Schwitzen, aber so sehr ich mich auch quälte, die Maschine kam immer wieder beinahe zum Stillstand. Bei solchen Gelegenheiten pflegte der Junge zu rufen: „Recht so! Gönnen Sie sich eine Pause, es eilt nicht. Ohne Sie kann die Beerdigung nicht stattfinden!"

Steine waren ein Problem für mich. Selbst über die kleinsten zu fahren versetzte mich in Panik. Es gelang mir, jeden noch so kleinen Stein zu treffen, sobald ich ihm auszuweichen versuchte, und natürlich konnte ich anfangs nicht anders, als eben dies zu versuchen. Das ist nur natürlich. Es ist Teil jener Blödheit, die uns allen aus unerfindlichem Grund in die Wiege gelegt wurde.

Ich war am Ende meiner Strecke angekommen, endlich, aber nun musste ich wenden. Das ist kein Vergnügen, wenn man es zum ersten Mal auf eigene Faust unternimmt, und aller Voraussicht nach auch nicht erfolgreich. Das Selbstvertrauen verkrümelt sich, unaufhaltsam strömen namenlose Befürchtungen auf einen ein, jede Faser verkrampft sich in banger Wachsamkeit, man setzt zu einer zaghaften und allmählichen Kurve an, aber die Nerven liegen blank und zucken unter elektrischen Panikimpulsen, so dass die Kurve rasch in einen ruckartigen und tückischen Zickzack ausartet; dann legt sich der vernickelte Gaul plötzlich ins Zeug und hält schräg auf den Rinnstein zu, allen Beschwörungen und Anstrengungen zum Trotz, ihm das auszureden – das Herz bleibt einem stehen, der Atem stockt, die Beine vergessen zu arbeiten, und zielgerade steuert man auf den Rinnstein zu, von dem einen nur noch wenige Fuß trennen. Jetzt ist der verzweifelte Augenblick gekommen, die letzte Chance, sich zu retten; aber natürlich haben alle Instruktionen, die man im Kopf hatte, längst Reißaus genommen, und so stößt man den Lenker weg vom Rinnstein statt auf ihn zu und landet mit ausgestreckten Armen auf diesem granitbewehrten ungastlichen Ufer. Das war mein Glück, denn ich war um eine Erfahrung reicher. Ich wand mich unter dem unzerstörbaren Rad hervor und setzte mich auf den Rinnstein, um mich zu untersuchen.

Ich trat den Rückweg an. Das war der Augenblick, in dem ich einen Bauernkarren bemerkte, der mir entgegenzockelte, beladen mit Kohlköpfen. Wenn mir noch irgendetwas fehlte, mein unsicheres Lenken zu vervollkommnen, dann war es genau das. Der Bauer nahm mit seinem Karren die Mitte der Straße ein und ließ zu beiden Seiten kaum vierzehn oder fünfzehn Yard frei. Ich konnte ihm nichts zurufen – ein Anfänger kann nicht rufen, denn sobald er den Mund aufmacht, ist er verloren; er muss all seine Aufmerksamkeit der Sache widmen. Aber in dieser grausigen Not kam mir der Junge zu Hilfe, und dieses eine Mal musste ich ihm dankbar sein. Er verfolgte die rasch wechselnden Launen und Eingebungen meines Rades genau und rief dem Mann entsprechende Anweisungen zu:

„Nach links! Halten Sie sich links, oder dieser Trottel fährt Sie über den Haufen!" Der Mann reagierte. „Nein, nach rechts, nach rechts! Warten Sie! Das geht nicht gut! Nach links! Nach rechts! Nein, nach links – rechts – li... Bleiben Sie, wo Sie sind, oder Sie sind geliefert!"

Und in diesem Augenblick erwischte ich das rechte der beiden Pferde von steuerbord und landete in einem Haufen Gemüse. Ich rief: „Zum Henker! Haben Sie mich denn nicht kommen sehen?"

„Kommen ja, aber kann ich wissen, von welcher Seite? Kein Mensch konnte das ahnen, wie soll er denn! Sie selber doch auch nicht, oder? Was hätte ich also tun können?"

Da war etwas Wahres dran, und so hatte ich den Großmut, das einzuräumen. Ich sagte, es sei zweifellos ebenso meine Schuld wie die seine.

Innerhalb der nächsten fünf Tage machte ich so große Fortschritte, dass der Junge nicht mehr Schritt halten konnte. Ihm blieb nichts anderes übrig, als zu seinem Torpfosten zurückzukehren und von weitem zuzuschauen, wie ich zu Fall kam.

Es gab eine Reihe niedriger Trittsteine quer über das eine Ende der Straße, reichlich ein Yard voneinander entfernt. Selbst nachdem ich so weit war, einigermaßen lenken zu können, hatte ich solche Angst vor diesen Steinen, dass ich sie jedes Mal traf. Sie bescherten mir die übelsten Stürze, die ich je auf dieser Straße machte, wenn man einmal von jenen absieht, die ich Hunden verdankte. Ich habe gelesen, dass kein Experte schnell genug ist, einen Hund zu überfahren, und dass ein Hund stets in der Lage ist, ihm aus dem Weg zu springen. Ich denke, das mag zutreffen, aber wenn man einen Hund nicht überfahren kann, liegt das meines Erachtens allein daran, dass man es darauf anlegt. Ich habe nie versucht, einen Hund zu überfahren, aber jeden einzelnen erwischt, der über die Straße lief. Ich glaube, das macht den großen Unterschied aus. Wenn man versucht, einen Hund zu überfahren, merkt er das und kann sich darauf einstellen, aber wenn man ihm ausweichen will, ist das für ihn unberechenbar und führt dazu, dass er jedes Mal zur falschen Seite springt. Nach meiner Erfahrung war es immer so. Selbst wenn es mir nicht gelang, einen Wagen zu treffen, konnte ich doch jeden Hund überfahren, der herbeigelaufen war, um mich üben zu sehen. Denn sie liebten es, mir dabei zuzusehen, und kamen alle, weil sich in unserer Nachbarschaft sonst nicht viel tat, was einen Hund hätte unterhalten können. Es brauchte geraume Zeit, einem Hund ausweichen zu lernen, aber selbst das gelang mir schließlich.

Mittlerweile kann ich so gut lenken, wie ich nur will, und irgendwann in den nächsten Tagen werde ich mir den Jungen vornehmen und ihn überfahren, wenn er sich nicht bessert.

Besorgen Sie sich ein Hochrad. Sie werden es nicht bereuen, sofern Sie es überleben.

Mark Twain

der erste radfahrer

als der erste radfahrer – hochtrabend bicyklist genannt – auf seinem hochrad das erste mal eine fußgängerin überholte, hatte das niemand bemerkt. die große stunde, ja minute oder sekunde hatte niemand angeschlagen, obwohl ein großes fest fällig gewesen wäre. dieser umstand ist auch schuld daran, dass wir heute weder die namen der beteiligten noch die zeit noch den ort kennen. ich könnte mir eine schöne tafel vorstellen; hier an dieser stelle überholte mister john sowieso missis johnsen um halb elf uhr vormittags grennwicher zeit. wäre doch schön gewesen? ein großer verlust.

Friedrich Achleitner

Für Nerven das beste Mittel!

Lieber Vater!
Wien, den 11. August 1895

Endlich bin ich nun wieder in Wien. Der Ischler Aufenthalt ist vorbei, und ich will höchstens noch im September auf acht Tage fort, sei's auf den Semmering, vielleicht auch in die Sächsische Schweiz, Schandau, so etwas. Bis dorthin hoffe ich das Radfahren gründlich zu können, das ich nun mit Eifer lerne. Alle Ärzte haben mir so lange zugeredet, und alle meine Freunde behaupten, nichts Gesünderes zu kennen. Burckhard rast wie ein Narr herum, die Sandrock lebt nur noch fürs Rad, Langkammers sind vom Rade unzertrennlich, Professor Singer redet von nichts anderem mehr, Max Halbe kam von München immer per Rad zu uns nach Schliersee – und so kann Carl allein nicht hassen. Otto und Anna wollten es auch probieren. Es scheint für Nerven das beste Mittel zu sein.

Hermann Bahr

Mein bester Freund

Briefe eines Radfahrers

Brief von Schnitzler an Hugo von Hofmannsthal,
11.8.1893:
„Sie müssen Bicycle fahren lernen!"

Brief von Schnitzler an Hugo von Hofmannsthal,
1.9.1895:
„Lieber Hugo. Von Salzburg aus, wo Richard, Salten u. die Salomé zusammen waren, fuhren ich u. S. per Rad davon. Das war sehr schön. Man hat schon ganz aufgehört, so mitten durch Dörfer und Flecken zu fahren, mitten durch das Leben und die Naivität eines Ortes. Von Stationen aus, wo sich naturgemäß Künstliches sammelt, sieht man das alles schief. Auch die Landstraßen werden wieder lebendig, wachen auf, und man gehört mit zu den Erweckenden. Auch Zufälle gibt es wieder, und, das Beste, man hält den Zug an, wo es beliebt. Dagegen fällt das mancherlei Unangenehme, dass es regnen kann und dass man nass u. kotig wird u. stürzt, wenig ins Gewicht. Wir hatten darunter genug zu leiden, mussten sogar in einem Zollhaus stundenlang ein besseres Wetter abwarten.

„... mein lieber Hugo, Sie sehen: Wir sind schon übersiedelt – und das sind auch schon wieder fast drei Wochen her, natürlich gings recht allmählich, und auch jetzt sind wir noch nicht in völliger Ordnung. Aber mein Arbeitszimmer ist längst so wohnlich, dass es kaum einen rechten Grund gibt, das Stückeschreiben länger hinauszuschieben. Übrigens war ich zweimal fort, auf dem Semmering, mit Olga u. Heini, knapp vor dem Umzug; und jetzt wieder ein paar Tage allein auf dem Semmering, viel mit Brahm zusammen; mit Frau Jonas, mit Kainz (der, wenn alles gut, bald wieder eine neue Rolle von mir spielen dürfte). Vom Semmering aus hab ich eine Fußpartie gemacht (denken Sie, mein Rad hab ich – verschenkt) ..."

Arthur Schnitzler

Laufräder im Paradies

Jena, 29. Januar 1818:
Die gestrigen Sendungen durchgedacht, die Expedition vorbereitet. Revisionsbogen sechster, Fahne vom Abendmahl. Über die Kopie des Vizekönigs gedacht. Professor Hand wegen Vorlesung über die Kunstgeschichte. Medizinalrat Kiefer ein Heft seiner Zeitschrift übergeben. Im Paradies fuhren die Studenten auf den Laufrädern.

Jena, 2. Februar 1818:
Ordnung gemacht. Um 10 Uhr in die Bibliotheken, Überlegung wegen der Repositorien. Spazieren, bei Pflug wegen der Dachrinne gefragt. Im Paradies Räderlauf.

Aus den Tagebüchern

Jena, 3. Februar 1818:
Es ist mir sehr viel daran gelegen nicht retadirt zu werden, denn das Leben läuft doch schneller unter uns weg als das neu erfundene Räderwerk unter dem Hintern der Studenten.

An seinen Sohn August

Johann Wolfgang von Goethe

Die Hauptidee der Erfindung des Fahrrades ist von dem Schlittschuhfahren genommen.

Karl Drais

Besorg dir ein Fahrrad. Wenn du lebst, wirst du es nicht bereuen.

Mark Twain

Bei keiner anderen Erfindung ist das Nützliche mit dem Angenehmen so innig verbunden wie beim Fahrrad.

Adam Opel

Wer immer das Fahrrad erfunden hat, ihm gebührt der Dank der Menschheit.

Charles Beresford,

Sieh an, wie ein Zweirad in Bewegung und Fahrt gesetzt wird. Wenn du deinen Willen so in Bewegung und Fahrt zu versetzen vermagst, so wirst du nach einigen Schwankungen wie ein Meister im Sattel sitzen.

Christian Morgenstern

Schröder und das Hochrad

Schwalben schossen in Dachluken, Hunde lagen im Schatten und knackten Knochen, Katzen wärmten sich in der Mittagssonne. Es wurde still. Die Stadt hatte sich eben zum Mittagsschlaf gelegt, als ein nie gehörtes Getöse aus Schröders Hof kam. Nur der Milchhändler Zapf konnte von seinem Dachfenster aus in den schröderschen Hof sehen. Unten am Boden lag Schröder und auf ihm ein sonderbares Eisengestell, das Schröders Frau gerade wieder hochwuchtete. Es muss eine sehr resolute Frau gewesen sein, meine Tante Anna Schröder, geborene Werner, Tochter eines Bäckers aus Rostock. Nur mittelgroß, aber kräftig, mit einer eigenwilligen Nase, durchsichtigen blauen Augen und dichtem braunem Haar, das gegen jeden glättenden Versuch eine hartnäckige Welle warf. Anna klappte das Gestell auseinander, das, wie sich jetzt zeigte, ein sehr großes und ein sehr kleines Speichenrad hatte, an dem sie herumbog. Schröder war inzwischen aufgestanden und klopfte ganz beiläufig den Staub aus Jacke und Hose, sah nicht zu dem zapfschen Fenster hoch, wo immer mehr Köpfe von Nachbarn, die kein Fenster zum schröderschen Hof hatten, erschienen. Dann stellte Schröder sich links neben das Gestell, eine Hand, die linke, an der Lenkstange, die rechte auf dem Sattel, hinter sich Anna. Er stieg mit dem rechten Fuß auf einen Eisentreter am Radrücken, stieß sich ab und stemmte sich hoch, schwang sich mit einer raumgreifenden Bewegung des linken Beins in den Sattel, saß starr und mit stierem Blick da oben, umklammerte den Lenker, trat, während Anna das Gefährt seitlich abstützte, in die Pedale, bekam Fahrt, wenn auch nicht selbstfahrend, denn links ging, lief Anna, das Rad stützend gegen die immer stärker werdende Schräglage, stemmt sich gegen Mann und Rad, schreit: Lot mol, lot mol, da versucht Schröder, mit einer letzten verzweifelten Anstrengung die Last von Anna zu nehmen, auch war das Ende des Hofs schon erreicht, er versucht vom fahrenden Rad zu springen, kriegt auch noch das rechte Bein über den Sattel, stürzt dann aber mit gewaltigem Schwung und samt dem Rad, unter einem vielstimmigen Entsetzensschrei aus dem zapfschen Fenster, auf Anna.

Was hat Onkel Franz in diesem Augenblick gedacht? Aufgeben? Einen anderen Übungsort ohne Zuschauer suchen? Und was hat Tante Anna gedacht? Überliefert ist, dass sie in jäher Wut gegen das kleine Hinterrad des Gefährts trat. Das hohe Zweirad, Hochrad, Bicycle, Ordinary, Velociped, Boneshaker, Headbraker war nun auch in diese Stadt gekommen.

Es hatte in der Stadt schon vor Onkel Schröder Versuche gegeben, das Fahrradfahren einzuführen, schließlich fuhr man in Berlin, München und Frankfurt schon seit Jahren. Aber die Vorgänger – oder genauer Vorfahrer – von Onkel Franz gaben, nachdem sie die beträchtliche Fallhöhe am eigenen Leib verspürt hatten, schnell wieder auf. Der Fahrer saß nämlich ziemlich genau auf der Mitte des übergroßen Vorderrades. Bei scharfem Bremsen, steilem Bergabfahren oder aber, wenn ein größerer Stein im Weg lag, wurde er mit kräftigem Schwung über das Vorderrad gehoben und mit dem Kopf voran zu Boden geschleudert. Header, Cropper oder Kopfsturz nannten die Fahrradpioniere diesen Sturz.

Von all dem wusste Schröder, als er am nächsten Nachmittag das Rad aus der Haustür hob und es, gefolgt von einer neugierigen Menge, die Mohrenstraße hinunter zu einem kleinen Platz an der Itz schob. Er hatte am Abend zuvor überlegt, ob er sich irgendeinen geheimen Ort außerhalb der Stadt suchen sollte, hatte sich dann aber gesagt, dass ihm auf jeden Fall irgendjemand folgen würde. Die Erzählungen über seine Fahrversuche hätten dann nur umso fantastischer ausgeschmückt in der Stadt die Runde gemacht. Allerdings hatte er Anna verboten mitzukommen, angeblich, weil ihre Nähe ihn dazu verleiten könne, doch ihre Hilfe in Anspruch zu nehmen, tatsächlich aber wollte er ihr nur die höhnischen Bemerkungen der Gaffer ersparen. An dem Platz angekommen, begann sofort sein wütender Kampf mit diesem Gestell. Er war ja notgedrungen Autodidakt und hatte sich eine Broschüre zur Erlernung des Hochradfahrens besorgt, in der in zahlreichen Abbildungen das richtige Auf- und Absteigen illustriert worden war.

Schröder erlebte an diesem Nachmittag den großen und grundlegenden Unterschied zwischen Theorie und Praxis. Er stieg auf und fiel um. Die Menge stand und schwieg. Er stand wieder auf und fiel wieder um. Nachdem er das einige Male wiederholt hatte, einmal auch in den Sattel kam, dann aber umso schneller nach vorn kippte – er konnte gerade noch den Kopf einziehen und sich über die Schulter abrollen –, hatte sich schon unter den nun begeistert Klatschenden ein spontaner Schlachtruf gefunden: Hopf, hopf, hopf, immer auf'n Kopf! Es muss eine Stimmung wie siebzig Jahre später in einem Catcherzelt gewesen sein, als er sich wieder aufrappelte, einen Moment benommen hin und her tappte, das Rad aufhob, das Vorderrad und das kleine Schwanzrad vorschriftsmäßig in einer Linie aufstellte und nunmehr anschob, da er mehrmals die Erfahrung gemacht hatte, dass er nie so schnell aus dem Stand in den Sattel kommen konnte, wie das Rad umfiel. Ich bewundere ihn und frage mich, warum er sich dieser Tortur unterzog, denn da waren ja nicht nur die schmerzhaften und oftmals auch gefährlichen Stürze, sondern auch das sie begleitende widerliche Gelächter all der Neugierigen. Er machte sich auf eine schmerzhafte Weise lächerlich. Warum? Hatte man ihn als Säugling in einem jener Steckkissen herumgetragen, die damals noch gebräuchlich waren und den Müttern während ihrer Arbeit erlaubten, die Kinder als gut verschnürte Pakete abzulegen? Musste er, der Jüngste, dem ein ausgeprägter Wille nachgerühmt wurde, mit ohnmächtiger Wut ansehen, wie alle Geschwister schneller weglaufen konnten als er? Oder hatte sich in ihm später, während seiner Dienstzeit bei der Infanterie, ein solider Hass auf diese schwachsinnige Lauferei gestaut, wenn ihm die Gewaltmärsche trotz sorgfältigst gewickelter Fußlappen die Haut von den Hacken zogen? Natürlich reichen solche Mutmaßungen nicht aus, um diese seltsame Mischung aus Tollkühnheit, Kraft, Entdeckerfreude, Eitelkeit, Bewegungslust und Hartnäckigkeit zu erklären, mit der er das Radfahren erlernen wollte. Und wieder stürzte er. Die schadenfrohe Menge feuerte ihn jetzt mit dem Reim an: Los, Schröder, hopp, fall mal auf'n Kopp!

Uwe Timm

31

Das Fahrrad trägt weiter als bis zum Ziel

Nichts ist vergleichbar
mit der einfachen Freude,
Rad zu fahren.

John F. Kennedy

Das neue Rad

Die aus Vaters Zimmer bereits organisierte Karte studiere ich genau. Jawohl, ich brauche nur die Kronprinzenstraße hinunterzufahren, dann komme ich in einen Wald oder doch Park, und nun, fast immer der Pleiße folgend, fahre ich durchs Grüne – wenigstens auf der Karte grün, an den Bäumen gibt's noch keines! – bis ziemlich vor des Onkels Haus.

Es ist recht frisch draußen, trotzdem die Sonne scheint. Die Straßen sind noch leer, um diese Morgenstunde wirken sie weiter und aufgeräumter als am Tage. Es gibt eigentlich nur Zeitungs- und Semmeljungen sowie Milchmädchen auf ihnen. Und dann gibt es jetzt mich, der stolz auf einem Rade fährt! Ich fahre ganz behaglich, ich eile nicht, es ist grade erst sechs Uhr. Schließlich sehe ich sogar ein, dass ich dem Onkel kaum vor sieben meinen Antrittsbesuch machen kann.

Bald bin ich im Walde – es ist wirklich eher Wald als Park – und nun fahre ich auf einem schönen, hellen Radfahrerweg an der Pleiße entlang. Es gibt da viele Häuschen, an denen umgestürzte Boote liegen, noch heute werde ich mit Ede hierherkommen und Rudern lernen. Leipzig gefällt mir erst einmal natürlich viel besser als Berlin. Als ich zu einem Lokal komme, das „Der Wassergott" heißt, lehne ich mein Rad gegen eine Bank, gehe auf und ab, um ein bisschen wärmer zu werden, und esse meine Brote. Dann fahre ich wieder weiter, aber ich muss noch ein paarmal unterwegs Station machen, sonst komme ich zu früh zum Onkel.

Es ist ein paar Minuten nach sieben, als ich an der Tür des Vorgärtchens klingele. Onkel Achim sieht höchstpersönlich aus einem Fenster heraus. „Was –? Du, Hans –?" fragt er ziemlich erstaunt. „Ist was Besonderes los?"

„Gar nichts!" rief ich, nun doch etwas verlegen, zurück. „Ich wollte euch nur mal besuchen ... Ich habe nämlich ein neues Rad ..."

Aber den Onkel scheint das Rad nicht sehr zu interessieren. „Na, denn komm rein, mein Sohn!" sagt er, in sein Schicksal ergeben. „Viel Zeit habe ich aber nicht mehr, ich muss um halb neun in der Stadt sein!"

Ich gehe also hinein und begrüße die Tante und den Onkel. Ich werde aufgefordert, am Frühstückstisch Platz zu nehmen. Aber ich kann hier nicht sitzen. Ich kann unmöglich in diesem Zimmer sitzen. Denn alle Wände sind mit Reiseerinnerungen behängt. Der Onkel ist weit in der Welt herumgekommen, er hatte eine Plantage in Brasilien, eine Farm in Deutsch-Ostafrika. Auf bunten Wandteppichen hängt ein halbes Völkerkundemuseum an der Wand.

Umsonst werde ich mehrfach aufgefordert, mit zu frühstücken. Ich habe keine Ruhe dafür. Schließlich sagt der Onkel lachend: „Nun, Hans, wenn du nicht frühstücken willst, so rauch wenigstens eine Zigarette. Du rauchst doch natürlich?"

„Natürlich!" lüge ich und nehme eine Zigarette aus dem dargereichten Etui. In Wahrheit habe ich noch nie geraucht, ich bin noch nicht einmal auf den Gedanken gekommen, dass ich rauchen könnte. Und mit einer plötzlichen Gedankenverbindung, um mein reifes Alter zu beweisen, sage ich: „Ich habe gestern übrigens meine

Aufnahmeprüfung zur Sekunda bestanden. Darum hat Vater mir das neue Rad geschenkt."

„Soso ..." sagt der Onkel ziemlich gleichgültig. „Das ist ja recht erfreulich. Aber jetzt muss ich los. Sage deiner Tante Adieu, Hans, und bringe mich bis zum Bahnhof."

Also muss ich dieses Zimmer schon wieder verlassen, aber selbst ich finde, dass ich recht deutlich dazu aufgefordert bin. (Erst später erfuhr ich, dass Onkel und Tante Besuche verabscheuten, besonders aber Verwandtenbesuche! Sie blieben am liebsten „für sich!") Aber dass ich wieder auf die Straße komme, hat auf der anderen Seite den Vorteil, dass ich mich unbemerkt der Zigarette entledigen kann. Es ist mir doch ziemlich komisch, der Magen macht fahrstuhlartige Bewegungen nach oben, und im Kopf ziehen Schleier. Kaum habe ich den Onkel im Bahnhof verschwinden sehen, so muss ich in ein Gebüsch und gebe meine Bemmen wieder von mir. „Nie wieder!" denke ich. „Dies Rauchen ist ja einfach ekelhaft!" (Noch ahne ich nicht, als ich meinen Magen so gründlich entleere, dass mir diese Zigarette das Leben gerettet hat!)

Dann fahre ich recht erleichtert, mit freiem Kopfe, wieder dem häuslichen Herde zu. Die Übelkeit ist geschwunden, schon beginne ich, mich auf mein Frühstück zu freuen. Diesmal fahre ich nicht durch das Gehölz, sondern durch manchmal recht langweilige Vorstadtstraßen, mit rüttelndem Kopfsteinpflaster. Schließlich tauchen weit gestreckte Baulichkeiten zu meiner rechten auf, auf einem Schild sehe ich, dass dies der Städtische Schlachthof ist. Die Straßen sind hier fast leer, es sind glatte Asphaltstraßen. Unwillkürlich beginne ich rascher und rascher zu treten, ich fliege nur so dahin! Der Rausch der Schnelligkeit, die Freude über das schöne flinke Rad bezaubern mich immer mehr, in kurzem Bogen, ganz schräg liegend, sause ich um die Ecke und sehe direkt vor mir einen Fleischerwagen, dessen beide Braune auf mich zu galoppieren!

Ob ich noch versucht habe zu bremsen, weiß ich nicht mehr. Ich weiß überhaupt lange gar nichts mehr. Ich sehe nur noch zwei braune Pferdebrüste, die hoch, hoch sich über mir erheben, und lange Pferdebeine, mit blinkenden Hufeisen, und die Beine werden auf mich zu immer länger, immer länger ...

Wie gesagt, aus Eigenem kann ich über meine nächste Ferienzeit nur wenig berichten. Es geschah, was immer geschieht: überraschend schnell sammelte sich viel Volks, das umherstand. Ein Schutzmann teilte die Massen, beugte sich zu mir und versuchte zu erkunden, wer ich sei. Doch soll ich ihm, nach Namen und Anschrift befragt, die klare Antwort „Drei Jahre" gegeben haben, eine Auskunft, die auch mit meinem Alter in sichtlichem Widerspruch stand. Aber es zeigte sich wieder, wie vorteilhaft es ist, einen sehr ordentlichen Vater zu haben: Auf dem Leipziger Stadtplan in meiner Tasche standen Name und Adresse. Von einer mitleidigen Seele wurde eine Matratze gespendet und ich erst einmal aus der Morgenkälte in einen Laden getragen, dessen Besitzer nicht ganz so mitleidig war, sondern heftig protestierte, weil ich ihm durch übermäßiges Bluten nicht nur den Laden beschmutze, sondern auch die Kundschaft verjage ...

Denn ich blutete wirklich sehr. Ein Huf hatte mich direkt im Munde getroffen, die Lippe war zerrissen, die Zähne fehlten zum Teil, zum Teil standen sie wie Kraut und

Rüben, und was da sonst noch los war, musste sich erst später zeigen ...

(Später zeigte sich, dass ich beim Durcheinander meines Sturzes auch einen Teil der Deichsel, wenn auch nur einen minimalen, gekostet hatte. Sie trennte sich nur sehr allmählich unter Schmerzen von mir.)

Hans Fallada

Man fährt wieder Rad

Radfahren ist in. Die Zweiradindustrie, die von der Motorisierung aufgefressen zu werden schien, erlebt einen Boom, den in diesem Land niemand vorauszusagen wagte. Und es sind nicht mehr Opas Knochenschüttler, die gefragt sind und die in Deutschland immer noch hartnäckig gebaut wurden, als sich in Ländern wie Frankreich und Italien längst die sportlichen Maschinen durchgesetzt hatten.

Sportlich will man fahren. Ballonreifen, schwere Rahmen und Rücktrittbremse sind fast schon Museumsstücke wie die alte Karbidlampe. Leichtes Material, Rennlenker und Zehngangschaltung beherrschen die Szene, und der sportliche Fahrer weiß nicht nur, was es heißt, Gewicht am rollenden Material zu sparen, sondern er genießt auch das subtile Spiel mit der Schaltung, das den Berg leichter und die Ebene weiter und schneller macht. Radfahren ist zu einem ganz anderen Gefühl geworden als zu Opas Zeiten, doch darf auch Opa es genießen, weil es praktisch keine Altersgrenze kennt.

Aber es gibt andere Grenzen. Die Wiederentdeckung des Fahrrads macht aus Deutschland noch kein Land des Radsports. Und auch keines, welches das Radeln zum Arbeitsplatz fördert, obwohl es bei den steigenden Benzinpreisen verlockender und vernünftiger denn je ist.

In Italien ist man da weitsichtiger. So hat Mailand, die größte Stadt des Landes, einen Siebenjahresplan aufgestellt, der für 40 Millionen Mark 330 km Radfahrwege vorsieht.

Allerdings, Mailand ist flach. Die Hausfrau, die den Fiat zwecks Energieersparnis beim Einkaufen in der Garage lässt, kommt auch dann mit eigener Kraft auf zwei Rädern vorwärts, wenn sie ein stolzes Matronengewicht in den Sattel bringt. Aber man stelle sich ihr Stuttgarter Gegenstück beim Besteigen der Neuen Weinsteige vor! Da müssten am Radweg Erfrischungs- und Massagestationen eingerichtet werden.

Immerhin gehen die Radfahrer bei uns in die Millionen, ohne indes die Zahl der italienischen Fans dieser Fortbewegung zu erreichen, die mit keiner anderen zu vergleichen ist. „Jogging", hat einer von ihnen gesagt, „ist etwas Erdgebundenes, Reptilienhaftes; Radfahren ist beinahe Fliegen dagegen, und für jeden Aufstieg bekommst du eine Abfahrt geschenkt".

Sie zählen fünfeinhalb Millionen, diese regelmäßig fahrenden „Tifosi" des Rads mit einem harten Kern von 300.000, die Rallyes, Bergrennen oder auch klassische Rennstrecken wie Lombardei-Rundfahrt oder Mailand-San Remo in Angriff nehmen und dabei nie weniger als 4.000 Mann an den Start bringen.

Und es spielt nicht nur die Polizei mit, die ihnen Straßen absperrt, sondern auch die Kirche. Da gibt es einen 53-Jährigen Pfarrer, Inhaber des kirchlichen Stundenweltrekords, den er nicht nur auf hartes Training sondern auf eine spezielle Ernährung zurückführt, bestehend aus Käse, Zwiebeln, Früchten und – einem halben Liter Rotwein. 1978 hat er eine Pilgerfahrt Mailand-Lourdes-Mailand organisiert und 1980 über die Distanz von 2.400 km Venedig-Tschenstochau zu Ehren der Schwarzen Madonna, die Polen und den Papst beschützt.

Für die Italiener ist Radfahren nicht nur „in", sondern sogar eine Religion.

Hans Blickensdörfer

Das Leben ist wie Radfahren. Du fällst nicht, solange du in die Pedale trittst.

Claude Pepper

Das Fahrrad wird niemals das Pferd ersetzen, andererseits wird das Pferd auch niemals das Fahrrad ersetzen, weil es nichts Schöneres gibt, als ein Pferd auf einem Fahrrad.

Groucho Marx

Beim Radfahren lernt man ein Land am besten kennen, weil man dessen Hügel empor schwitzt und sie dann wieder hinuntersaust.

Ernest Hemingway

Der Strohhalm, mit dem ich mich an die Lebensfreude klammere, ist augenblicklich das Bicycle.

Arthur Schnitzler

Das treue Rad

Der Radfahrkünstler Sausebrand
ist wohlbekannt in Stadt und Land.

Nicht minder kennen Land und Stadt
Rundumundum, sein treues Rad.

Frühmorgens, wenn die Sonn' aufgeht,
Rundumundum vom Stroh aufsteht,

geht brunnenwärts mit andrem Vieh
und wäscht sich Miene, Brust und Knie.

Worauf's, bis man zum Frühstück pfeift,
mit Karo noch ein Weilchen läuft.

Um sieben tritt aus seiner Tür
laut pfeifend Sausebrand herfür.

Und langgestreckten Laufes naht
Rundumundum, sein treues Rad.

Es kniet sich hin wie ein Kamel
und trinkt vergnügt sein Schälchen Öl.

Und freundlich klopft ihm Sausebrand
den Rücken mit der flachen Hand.

Nun aber schnell! Der Herr ruft: „Hopp!",
und sprengt davon im Hochgalopp.

Christian Morgenstern

Gib einem Menschen einen Fisch und er kann sich einen Tag lang ernähren. Lehre einem Menschen das Fischen und er kann sich sein Leben lang ernähren. Lehre einem Mann das Radfahren und er merkt, dass das Fischen ein langweiliger Zeitvertreib ist.

Desmond Tutu

Ich fahre nicht Rad, um mein Leben um Tage zu ergänzen. Ich fahre Rad, um meine Tage mit Leben zu ergänzen.

Unbekannt

Wenn du niedergeschlagen bist, wenn dir die Tage immer dunkler vorkommen, wenn dir die Arbeit nur noch monoton erscheint, wenn es dir fast sinnlos erscheint, überhaupt noch zu hoffen, dann setz dich einfach aufs Fahrrad, um die Straße herunterzujagen, ohne Gedanken an irgendetwas außer deinem wilden Ritt.

Sir Arthur Conan Doyle

Radfahren kommt dem Flug der Vögel am nächsten.

Louis J. Halle

Vom Kurbelfahrrad mit gläsernen Flügeln

In meiner Kindheit hat mich immer die Art der Inbetriebnahme von Autos fasziniert, welche man in alten Filmen sehen kann: Zuerst setzt sich der Fahrer oder die Fahrerin, sportlich gekleidet mit Mantel und Schal, energiegeladen hinter das Lenkrad eines Sportwagens, ähnlich wie ein Pilot ins Cockpit eines flotten kleinen Flugzeuges. Da sitzt er nun. Er drückt auf den Starter oder dreht den Schlüssel, damit die Zündung einsetzt. Nichts passiert. Er probiert es noch einmal. Und noch einmal. Der Fahrer rückt sich den Hut zurecht, schaut nach hinten, ob wohl nirgends ein schadenfroher Beobachter lauert, womöglich gerade der eifersüchtige Konkurrent/die eifersüchtige Konkurrentin. Noch ein Versuch. Wieder ohne Erfolg. Der Fahrer entsteigt dem Auto, holt aus dem Kofferraum eine relativ große, unhandliche eiserne Kurbel und steckt ein Ende irgendwo im unteren Bereich des Motors in einen Metallzapfen. Mit heroischer Anstrengung dreht er nun ein paar Mal am anderen Ende der Kurbel.

Das Fahrzeug beginnt zu husten, schüttelt sich wie ein gerade vor dem Gartenschlauch geflohener Hund und steht nun zitternd auf seinen vier Rädern da.

Triumphierend läuft der Fahrer in Windeseile mit der Kurbel wieder nach hinten, befördert lässig das nun wesentlich leichter wirkende Werkzeug in den Kofferraum, hält mit der einen Hand seinen Hut fest, während er mit der anderen Hand seinen Schal, welcher zwischendurch auf dem morastigen Boden schleifte, in einer hoheitsvollen Geste um den Hals nach hinten wirft. Mit der dritten Hand sollte er nun auch gleichzeitig die Wagentüre öffnen – nun, es geht schon, die Hand ist wieder frei, der Fahrer steigt ein – und ab die Post.

Von hinten sieht man noch ein Ende des langen Schals fröhlich flattern, die Morastflecken im Stoff trocknen ja schnell im Fahrtwind.

Solche Szenen haben mich immer sehr erheitert. Vor allen Dingen wurde der Eindruck suggeriert, man könne jedes Vehikel wie ein Blechspielzeug mittels Drehschlüssel und Stahlfeder aufziehen. Die nun auf diese Art gespeicherte Energie entlade sich daraufhin federleicht oder raketenhaft schnell über Motor und Räder und ließe sich gar mit einer einzigen Fingerbewegung beliebig steuern.

Auch ein Flugvehikel ist mir in Erinnerung, welches ich in einem alten Stummfilm gesehen habe. Riesige gerippte Flügel waren mit einem fahrradähnlichen Gerät kombiniert. Darauf saß ein Mann in sportlichem Dress, welcher mächtig in die Pedale trat. Mit großer Anstrengung strampelte der Mann immer schneller, bis das Ding in Fahrt geriet und vom vorbeistreichenden Wind eine Handbreit vom Boden erhoben wurde. Die Landung jedoch erfolgte einigermaßen unsanft und ließ jede Spur von Eleganz vermissen.

Solche Beispiele beflügelten damals meine kindliche Fantasie und so wünschte ich mir zum Geburtstag sehnlichst etwas, das ich damals für mich erreichbar wähnte und doch ein Instrument war, das mich der Erdschwere entheben würde – ein Fahrrad.

Da sich mein Schulweg mittels Straßenbahn als äußerst

zeitaufwendig herausstellte, bekam ich eines Tages wirklich zum Geburtstag ein Fahrrad geschenkt. Eine liebe Freundin der Familie nahm sich viel Zeit und brachte mir das Radfahren bei. Alle Kinder in der Nachbarschaft radelten am Samstagnachmittag im Seitengässchen um die Wette, manchmal hatten sie auch einen Fußball dabei, und dann ging es hoch her. Nun war ich ebenfalls stolze Besitzerin eines Drahtesels und durfte der Rasselbande zugehören. Das war ein Spaß! Mit einiger Übung konnte ich, so wie die anderen auch, freihändig fahren oder über eine kleine Sprungschanze hüpfen.

Mein Schulweg gestaltete sich von nun an wesentlich erfreulicher und ich genoss das Gefühl der Selbstständigkeit, war nicht mehr vom Fahrplan der Straßenbahn abhängig.

Mein Fahrrad behielt ich auch noch lange über die Schulzeit hinaus, bis es mir leider eines Tages abhanden kam. Es wurde mir untreu. Vielleicht ist es, das brave Eselchen, mit einem fremden „Herrn" mitgegangen. Ich war ihm nicht böse deswegen, absolvierte die Fahrschule und kaufte mir ein Auto.

Dies ist nun einige Jahrzehnte her.

Voriges Jahr hatte ich beruflich in der schönen norddeutschen Stadt Paderborn zu tun. Die Werkstatt der Glasmalerei, in welcher ich arbeitete, liegt am äußersten nordöstlichen Stadtrand. Man fragte mich, ob ich denn vielleicht ein Fahrrad zur Verfügung gestellt haben wolle, um in dieser schönen Jahreszeit die Gegend zu erkunden. Das freundliche Angebot war sehr verlockend und ich nahm es dankend an. Selbstbewusst führte ich das schwarze Ding an seiner Lenkstange in den hinteren Hof des Gebäudes. Das Vehikel kam mir einigermaßen gediegen, um nicht zu sagen schwergewichtig, vor. Keine Spur von Eleganz. Dieses Stahlross verhielt sich im Vergleich zu meiner Vorstellung von Rad wie ein braves Pinzgauer Pferd zum feurig tänzelnden, abenteuerlustig schnaubenden Araberhengst. Pinzgauer dagegen sind eben Ackerpferde. Ich versuchte also diesen Gaul zu besteigen. Es war mir, als ob er wieherte.

Ein verstohlener Blick zur oberen Fensterfront gab mir die Gewissheit, dass niemand heimlich hinter dem Vorhang stand, um meine kläglichen Versuche hämisch zu beobachten.

Nach einigen Versuchen schaffte ich es, einigermaßen die Balance zu halten und das Ding in Bewegung zu setzen. Der Gaul schien zu schnauben und tat gerade so, als wollte er mit den Hinterhufen ausschlagen. Einen fremden Gaul soll man ja nicht beschädigen, also mussten meine Kniescheiben herhalten. „Rodeo ist ein Spazierritt", dachte ich mir und versuchte, tapfer zu sein.

Wo waren die Zeiten, wo ich noch behände und schnell mit großer Geschicklichkeit mein Fahrrad steuerte?

Die alten Filme fielen mir wieder ein und ich wünschte sehnlichst eine eiserne Kurbel herbei, um dieses störrische Vehikel zum Laufen zu bringen.

Ein mit Muskelkraft betriebenes „Kurbel-Fahrrad" sollte man erfinden. Wäre doch ganz einfach: Die Stahlfeder müsste wie der Motor eines Mopeds im Inneren des Drahtesels verborgen bleiben. Den Zapfen sollte der Konstrukteur gleich unter dem Gepäckträger anbringen. Die Kurbel sollte selbstverständlich etwas handlicher ausgeführt sein. Die größte Attraktion an diesem Fahrzeug wäre jedoch ein Paar ausklappbare gläserne Flügel, welche das Ding in die Lüfte heben. Ich erinnere mich an jenen alten, weißbärtigen Herrn, welcher an der Lenkstange seines Fahrrades etliche Kinder-Windräder montiert hatte. Er war ein bekanntes Unikum im Grazer Stadtbild. Vielleicht hatte er ähnliche Gedanken.

Neidisch dachte ich an die Schwärme von Rad fahrenden Ausflüglern, welche wie wendige Fischlein die schattigen Radwege dieser Stadt am Wochenende bevölkerten.

Ob gutes Zureden hilfreich wäre? Sollte ich mir den „Pferdeflüsterer" zum Vorbild nehmen? Sollte ich wie einst Winnetou Iltschi das geheime Wort ins Ohr flüstern, und es machte daraufhin einen riesigen Sprung in die Lüfte? Es flöge wie ein feuriges Ross über den Wolken dahin, wetteifernd mit Buraq, dem Pferd Mohammeds, welches geradewegs ins Paradies galoppiert, wenn es nicht gerade vom Erzengel Gabriel gebraucht wird für den Pendelverkehr zwischen Mekka und Jerusalem und retour. Es flöge in Windeseile in luftigen Höhen, alle Hindernisse überwindend, gleich dem schnaubenden weißen Hengst Akbusat, welcher mit seiner Zauberkraft die bösen Mächte zwischen Himmel und Erde besiegt.

Es flöge dahin, das stählerne Ross – keine Rede mehr von einem Drahtesel –, galoppierte tänzelnd an den einfältigen Fischlein vorbei, stemmte die Vorderbeine bravourös zur Courbette wie die weißen Spielzeugpferde der Wiener Hofreitschule. Alle würden rufen: „Welch ein herrliches Tier!"

Mein Pinzgauer sah mich blöde an. Er muss wohl meine Gedankengänge erahnt haben. Er wackelte mit keinem Ohr und ließ mich gottergeben endlich aufsteigen.

So habe ich, mühsam und hoffentlich unbeobachtet, meine Lektion gelernt.

Schön langsam wagte ich mich dann doch in die grüne Freiheit der sommerlichen Umgebung Paderborns.

Mein geplanter Ausflug in den nahe liegenden Naturpark Eggegebirge wurde vorerst von einem lang anhaltenden Gewitter vereitelt. Am darauffolgenden Sonntag begab ich mich jedoch vorsichtig auf einen der sechs Paderborner Radrundwege, um die schöne alte Stadt zu erkunden. Diese Radrundwege „umgeben die Kernstadt wie Blütenblätter eine Blume", heißt es im Werbetext der Tourismus-Information, was ich aus eigener Erfahrung bestätigen kann.

Letztlich genoss ich diese kleinen Ausflüge sehr. Mein Pinzgauer stand mir in dieser Zeit treu zur Seite und beförderte mich, wohin auch die Reise ging, ohne zu murren.

Gerade, als mir das Radfahren wieder Spaß machte, ging die Zeit in Paderborn zu Ende. Der diesjährige City-Triathlon wird wohl ohne uns stattfinden. Ich tätschelte meinem schwarzen Pferd zum Abschied noch einmal zärtlich den Stahlrosshals. Es war mir wieder, als ob er wieherte.

Diesmal klang das Wiehern eher erleichtert.

Edith Temmel

Aus einem
Rennradfahrerfamilienleben

Er überrundet bereits die sechste Nacht im Sportpalast und sein Endspurt zwingt den Zeitrichter, die Lichtsekundenstoppuhr zu zücken!

Inzwischen streitet zu Hause seine Frau mit der Nachbarin: „Was? Ich habe ein Rad zu viel? Ja – gibt es denn ein Rad mit weniger als zwei Rädern?!"

Und was schreibt wohl dem Weihnachtsmann dieser beider Kindlein, das fast auf einem Damenrade geboren wurde, wäre seine geistesgegenwärtige Mutter nicht noch im allerletzten Augenblicke abgesprungen? Es schreibt:

„Du guter Weihnachtsmann, gib,
dass ich bald kann
Rad fahren um häuslichen Herd
rascher als Mond um Erd."

Dann schläft es ein und träumt, während Vater siegt und Mutter Reifen flickt, von Motorradelfen und dem Prinzesslein im Beiwagen; und von Kühlerkobolden auf Märchenkraftwagen und den sieben Rad fahrenden Geißlein, Bremshexen und Übersetzungsschlänglein ...

Ödön von Horváth

Das Radfahren macht mir eine große Freude: Es ist wunderschön, ein bissl ermüdet und erhitzt sich irgendwo hinzusetzen und über die Sträucher, die Wiesen und Hügel hinzuschauen und abends ist es sogar wunderschön in den Straßen der Vorstädte zu fahren.

Hugo von Hofmannsthal

Die besten Ausfahrten sind die, bei denen du den Mund zu voll genommen hast und dich durchbeißt.

Doug Bradbury

Die Fußgänger schleppen sich mit einer unverständlichen Langsamkeit und Trübsal dahin. Ein Tritt auf die Kurbel, und sie sind überholt, sie sind schon fern, schon klein. Es ist eine Poesie in der Hast.

Theodor Herzl

Ein Radrennfahrer muss seinen Hintern besser pflegen als sein Gesicht.

Rudi Altig

„Vielleicht bringt das Christkind
im nächsten Jahr die Räder."

Büroradeln und das Dilemma mit dem Chic am Bike

Zugegebenermaßen haben mein Fahrrad und ich bloß eine Lebensabschnittspartnerschaft. Sobald die Temperaturen gegen Null gehen, nehme ich noch einmal alle Kräfte zusammen, schultere das Gefährt, transportiere es hinauf in den achten Stock, wo es in einem eigens dafür konzipierten Holzverhau verstaut wird. Bis sich wieder Frühlingstemperaturen einstellen, reduziert sich meine Leidenschaft für blitzendes Chrom in Form von Speichen und Lenkergabel bloß darauf, andere tapfere Pedalritter, die sich durch Eis und Schnee kämpfen, aufrichtig zu bewundern. Ich selbst ziehe beheizte Fortbewegungsmittel wie Straßenbahn und/oder Auto vor.

Der Abschied von der freien Wildbahn – in Anbetracht mancher RadfahrkollegInnen ein treffender Begriff – fällt gar nicht schwer. Umso größer ist nach langen Wintermonaten die Freude, wieder Teil einer immer größer werdenden Community zu werden, die die Stadt und ihr pulsierendes Leben intensiver und spannender erlebt als alle anderen VerkehrsteilnehmerInnen. Wo sonst kann man den Unterbau und die Kurbelwelle eines Lastkraftwagens so unvermittelt nahe studieren, einem Artisten gleich dem Gegenverkehr auf dem Radweg durch geschickte Gewichtsverlagerung ausweichen und Aug' in Aug' mit dem plötzlich auf die Straße springenden Fußgänger kommunizieren?

Bis es soweit ist, beginnt der Tag einer Frau aber mit der schwierigsten Entscheidung:

Was ziehe ich heute an?

Diese Frage ist für Frauen unter erschwerten Bedingungen zu lösen und wird von Männern nur kopfschüttelnd und mitleidig als Stammtischthema gewählt, um im Laufe des Abends wenigstens in einer Sache derselben Meinung zu sein.

Zur Verdeutlichung der Dramatik müssen Sie sich die Rahmenbedingungen vor Augen führen: Die viel gerühmte Auswahl steht gar nicht zur Verfügung, auch wenn sich der Kasten als vollgeräumt erweist. Denn für die jeweilige Saison und den bestimmten Anlass sind garantiert keine Kleidungsstücke darin zu finden.

Zweitens verändern sich die Größen der im Kasten befindlichen Kleidungsstücke permanent. Offenbar durch das eigenwillige Klima im Schrank und leider immer nur in eine Richtung: enger und kleiner.

Diese Problemlage konnte ich schon in jungen Jahren meiner Kindergarten- und Schulzeit erkennen, weshalb also durchaus von einer angebrochenen Schwäche gesprochen werden kann.

Ist der Prozess der Entscheidungsfindung doch erfolgreich abgeschlossen, hetze ich etwas verspätet die Stiegen hinunter und stehe voller Tatendrang vor dem Haus. Eingeübt wie bei Robert Lembke anno dazumal („Welches Schweinderl hätten S' denn gern? ... eine typische Handbewegung bitte ...") beuge ich mich über das Fahrrad, um das Schloss zu öffnen. Schon keimen erste Zweifel an der Fahrradtauglichkeit des gewählten Outfits.

Hat man die helle, sportliche Hose genommen, ist das neonfarbene Signalband zur geordneten Verengung des rechten Hosenbeins sicher in der anderen Handtasche, dann darf man getrost mit schwarzen Ölflecken rechnen. Ging die Entscheidung jedoch zugunsten eines eng geschnittenen Kleides oder eines luftigen, geblümten Rockes aus, gibt es wiederum zwei mögliche Szenarien auf dem Weg ins Büro: Der morgendlichen Freude, in das gute körperbetonte Stück hineingekommen zu sein, weicht die bittere Erkenntnis, damit den Fahrradsattel kaum erklimmen zu können. Die luftige Kleiderwahl wiederum benötigt einige Akrobatik bis hin zur einhändigen Bedienung von Lenker und Schaltgetriebe, damit der weit ausladende Stoff selbst bei alltagstauglichem Tempo anderen Verkehrsteilnehmern nicht allzu neue Einblicke in die Strumpf- und Unterwäschemode dieser Saison gibt.

In diesen Situationen denke ich lächelnd an die Fahrräder meiner Jugendtage, die am hinteren Kotflügel kleine, gestanzte Löcher hatten, in denen man den „Kittelschoner" befestigte. Das waren dünne Gummibänder, die, in einem Halbkreis angeordnet, verhindern sollten, dass der wehende Rock in die Speichen geriet. Die mangelnde Witterungsfestigkeit dieser Konstruktion trug es mit sich, dieses Teil halbjährlich zu erneuern und die kleinen Widerhaken in die immer rostiger werdenden Löcher eines verbogenen Kotblechs zu bringen.

In den letzten Jahren war ich nahe daran zu glauben, die Herausforderung Hose oder Kleid mit dem durchaus modisch gekennzeichneten Paarlauf von Hose mit Kleid darüber zu lösen. Aber auch diese Kombination kennt ihre Tücken. Bei allem Respekt vor modischen Trends werde ich das Tragen stilloser Leggins auch weiterhin auf die eigenen vier Wände beschränken. Bleiben als Variante eng anliegende Hosen, die man wiederum nur mit Müh und Not zu bekommt, indem man in liegender Weise und unter schlangenartigen Windungen auf dem Wohnzimmerteppich die herausragenden Problemzonen des Hüftbereichs überwindet. Dann soll man noch ein zweites Kleidungsstück darüber anziehen? Spätestens jetzt ist die zu Ende geglaubte Winterdepression schlagartig als schauriges Frühlingserwachen zurück.

In diesem Moment kommt mir wieder einmal der Gedanke, dass die Menschheit trotz allen Fortschritts keineswegs in der Lage ist, dauerhaft Alltagsprobleme zu lösen. Vergleichbar dem Phänomen eines Schnupfens, der im Zuge medizinischer Forschung mittlerweile je nach Medikamentenzufuhr sieben Tage oder eine Woche dauern kann, stellt sich mein schlichtes Gemüt die Frage: Warum löst das niemand?

Die Fahrradindustrie liefert zwar Innovationen aller Art in den Bereichen Werkstofftechnik, Antriebsvariationen oder Stoßdämpfern. Dennoch fehlt eine Antwort auf die drängende Frage, wie eine Frau modisch korrekt auf dem Fahrrad ins Büro, zu einem Termin oder zu einer Verabredung kommt.

Warum hat sich um Gottes Willen noch niemand damit beschäftigt, dass Ski- oder Motorradhelme cool und formschön gestylt sind und Radhelme so unglaublich hässlich?

Entschuldigung, aber ganz unabhängig davon, welch edler Körper und weise Kopf darunter steckt: Sehen wir mit Radhelmen nicht alle ein wenig wie Idioten aus?

Zurück zum Dresscode einer durchschnittlich engagierten Büroradlerin. Natürlich weiß ich, dass das Radfahren nicht wirklich schuld ist am Modedilemma. Aber es verschärft die Probleme. Mit und ohne Pedalritt verfolgen mich die Gedanken eines unzureichend ausgestatteten Kleiderschrankes auch in den Monaten der Radabstinenz. Das Bild einer daunengeschüttelten flotten Winterjacke mit sportlichem Gürtel in der Auslage verzerrt sich vor meinem eigenen Spiegel recht schnell zum Michelin-Männchen als Beweis der lustbetonten Vanillekipferl-Attacken.

Und dennoch ist Radfahren befreiend. Diese düsteren Gedanken der fehlgeleiteten Entscheidung des gewählten Outfits und der modischen Accessoiresauswahl verschwinden nämlich bei der ersten Ausfahrt, wenn die frische Zugluft das Gefühl von Bewegung in freier Natur vermittelt. Man gestaltet den Weg ins Büro als schlenderndes und beschauliches Szenario, das es zulässt, Menschen auf der Straße nicht zu erkennen, sondern sie auch freundlich winkend zu grüßen. Man fühlt sich ein bisschen als Umweltschützerin, CO_2-Vermeiderin und tut der eigenen Gesundheit etwas Gutes. Man ist meist schneller und kann den Insassen in den Blechkarossen auch so manches Schnippchen schlagen. Und wenn es nur eine klitzekleine Abkürzung ist, man fühlt sich überlegen.

Meine persönliche Bürostrecke ist Beispiel dafür. Nach einem kurzen Stück des triumphierenden Vorbeiradelns auf der Busspur lasse ich die Autoschlange hinter mir und tauche in die 30er-Zone ein. Spätestens in diesem Revier beginnt die erste wohltuende Aufwachphase. Beim Einbiegen in dieses sonderbare Stadtgebiet von Tempo 30 kreisen die Gedanken oft um die Person Erich Edegger, diesen wagemutigen Abenteurer, der bereits in den 8oer Jahren des vorigen Jahrhunderts dem aufstrebenden Automobil die Zunge zeigte und sich der Kultur des Fahrrads im Alltag widmete. Ich glaube nicht, dass Erich Edegger sich viele Gedanken über sein modisches Outfit auf dem Fahrrad gemacht hat. Nicht nur, weil er ein Mann war, vielleicht auch, weil er den Blick für das Wesentliche hatte.

Grazerinnen und Grazer fast aller Altersgruppen, sozialer Schichten und ideologischer Flanken betrachteten kopfschüttelnd den radelnden Erich, der sich noch erdreistete, mit den 3oer-Zonen neumodernen verkehrspolitischen Aktionismus nach Graz zu holen. Er ersparte uns übrigens damit mehrere Schilling- und auch Euromillionen für den Radwegeausbau und vergrößerte das Radverkehrsnetz der Stadt quasi über Nacht um hunderte Kilometer.

So gehen auch Teile meiner Hausstrecke durch das Herz-Jesu-Viertel auf Edeggers Konzept zurück. Wie viel intensiver erlebt man auf dem Fahrrad den Eindruck eines Unterrichtsbeginns, wo sich hunderte Kinderte wie kleine Ameisen plappernd und gestikulierend durch das Schultor drängen. Wie gut kann man die Gerüche und Farben eines Kaiser-Josef-Platzes wahrnehmen, der gerade frühmorgens mit kaffeetrinkenden Allesverstehern und kompetenten Einkaufsexperten seine reizvollste Zeit erlebt.

Vorbei an den ehrwürdigen Mauern der Oper, die noch den Atem der letzten Abendvorstellung in sich trägt, den hektischen Umsteigerummel auf dem Jakominiplatz links liegend lassend, biegt man in die Schmiedegasse, den Brennpunkt und die Herausforderung innerstädtischen kombinierten Rad- und Fußgängerverkehrs. Wann immer ich gemächlichen Tritts diese Gasse entlangfahre, wundere ich mich über die garantierten Debatten um Meter und Sekunden. Eine geschätzte Breite von neun Metern sollte ausreichen, um ein vernünftiges Fortkommen von RadfahrerInnen und FußgängerInnen zu arrangieren. Stattdessen bietet sich meist eine Gemengelage aus mehr oder weniger rücksichtsvollen VerkehrsteilnehmerInnen, Vorurteilen und fest einzementierten Standpunkten. Ziel erreicht!

Als eine, die den Begriff „Morgenmuffel" nicht nur versteht, sondern auch authentisch leben kann, ist diese kurze Strecke des städtischen Aufwachens immer wieder Anlass, meinen Kolleginnen im Büro frische rund fröhlicher entgegentreten zu können. Ich komme sozusagen schon mit Betriebstemperatur in die heiligen Hallen und höre gespannt die launigen Debatten über Stauzeiten und Ampelschaltungen, um mich zufrieden in den Kreis meiner Kolleginnen einzureihen, die, Bestätigung suchend, erklären: „Ich wusste heute nicht, was ich anziehen sollte ..."

Kristina Edlinger-Ploder

60

Radfahren ist mehr als Unterhaltung

Mir ist es eingefallen,
während ich Fahrrad fuhr.

Albert Einstein

Der Radfahrer

Personen: Der Radfahrer Karl Valentin, ein Schutzmann.

SCHUTZMANN: Halt!

Valentin blinzelt den Schutzmann an.

SCHUTZMANN: Was blinzeln Sie denn so?

VALENTIN: Ihre Weisheit blendet mich, da muss ich meine Schneebrille aufsetzen.

SCHUTZMANN: Sie haben ja hier eine Hupe, ein Radfahrer muss doch eine Glocke haben. Hupen dürfen nur die Autos haben, weil die nicht hupen sollen.

VALENTIN (drückt auf den Gummiball): Die meine hupt nicht.

SCHUTZMANN: Wenn die Hupe nicht hupt, dann hat sie doch auch keinen Sinn.

VALENTIN: Doch – ich spreche dazu! Passen Sie auf, immer wenn ich ein Zeichen geben muss, dann sage ich Obacht!

SCHUTZMANN: Und dann haben Sie keinen weißen Strich hinten am Rad!

VALENTIN: Doch! (Zeigt seine Hose.)

SCHUTZMANN: Und Rückstrahler haben Sie auch keinen.

VALENTIN: Doch! (Sucht in seinen Taschen nach.) Hier!

SCHUTZMANN: Was heißt in der Tasche – der gehört hinten hin.

VALENTIN (hält ihn auf die Hose): Hier?

SCHUTZMANN: Nein – hinten auf das Rad –, wie ich

sehe, ist das ja ein Transportrad – Sie haben ja da Ziegel-steine, wollen Sie denn bauen?

VALENTIN: Bauen – ich? Nein! – Warum soll ich auch noch bauen? Wird ja so so viel gebaut.

SCHUTZMANN: Warum haben Sie dann die schweren Steine an Ihr Rad gebunden?

VALENTIN: Damit ich bei Gegenwind leichter fahre, gestern in der Frühe z. B. ist so ein starker Wind gegangen, da hab ich die Steine nicht dabeigehabt, ich wollt' nach Sendling 'nauffahren, daweil bin ich nach Schwabing 'nunterkommen.

SCHUTZMANN: Wie heißen Sie denn?

VALENTIN: Wrdlbrmpfd.

SCHUTZMANN: Wie?

VALENTIN: Wrdlbrmpfd ...

SCHUTZMANN: Wadlstrumpf?

VALENTIN: Wr – dl – brmpfd!

SCHUTZMANN: Reden S' doch deutlich, brummen S' nicht immer in Ihren Bart hinein.

VALENTIN (zieht den Bart herunter): Wrdlbrmpfd.

SCHUTZMANN: So ein saublöder Name! – Schaun S' jetzt, dass Sie weiterkommen.

VALENTIN (fährt weg – kehrt aber noch mal um und sagt zum Schutzmann): Sie, Herr Schutzmann ...

SCHUTZMANN: Was wollen Sie denn noch?

VALENTIN: An schönen Gruß soll ich Ihnen ausrichten von meiner Schwester.

SCHUTZMANN: Danke – ich kenne ja Ihre Schwester gar nicht.

VALENTIN: So eine kleine stumpferte – die kennen Sie nicht? Nein, ich habe mich falsch ausgedrückt, ich mein', ob ich meiner Schwester von Ihnen einen schönen Gruß ausrichten soll?

SCHUTZMANN: Aber ich kenne doch Ihre Schwester gar nicht – wie heißt denn Ihre Schwester?

VALENTIN: Die heißt auch Wrdlbrmpfd ...

Karl Valentin

Das Fahrrad

Für alle Neugeborenen und Außerirdischen (also allen neu auf die Welt Gekommenen) hier eine kurze Erläuterung der wesentlichen Bestandteile eines Fahrrades:

Der Rahmen ist das Basisgestell, an das sich alle Teile des Fahrrades klammern. Er kann verschiedene Größen, Formen und Farben haben, grundsätzlich jedoch trägt jeder Rahmen hinten und vorne ein Rad. Deswegen nennt man das Fahrrad in der Behördenbürokratie auch „Zweirad".

Die Reifen bestehen immer aus einer Felge und Speichen und einem rund gebogenen Gummirad mit Profil, in das Luft gepumpt wird. Eine ungeliebte Aufgabe für alle Fahrradfahrer, ganz besonders für Frauen. Ohne Luft in den Reifen könnte das Fahrrad allerdings nicht rollen. Versuche mit Betonreifen scheiterten.

Der Sattel ist der Stuhl des Radlers. Er besteht oft aus Leder und kann verschiedene Formen haben. Bei längeren Touren kommt es auf dem Sattel zu Reibungen, die sich schmerzhaft auf das Gesäß des Fahrers auswirken können. Manche helfen sich mit Strampelhöschen, Cremes, Kissen, Einlagen oder einem Sprung in einen kalten See. Zur Not kann man in so einem Fall auch mal im Stehen weiterfahren.

Der Lenker ist das Steuergerät des Fahrradfahrers. Ohne Lenker würde der Fahrradfahrer an den nächsten Baum oder in das nächste Schaufenster fahren. Es gibt ihn in den verschiedensten Formen, immer aber hat er seitlich Griffe und dient zur Befestigung der Bremsbügel und eines Schalthebels. Je nach Bedarf befestigen manche auch Blumen, Straßenkarten, kalte Getränke oder ihr Navi am Lenker.

Die Pedale sind zwei gedemütigte Fußhalter, die ständig nur getreten werden. Täte man das nicht, würde der Fahrradfahrer keinen Millimeter vorwärtskommen. Es gibt sie in offener Form, aber auch mit Haltebügeln. Solche speziell für Radsportler, welche auf einer längeren Rallye häufig einschlafen und so nicht von den Pedalen rutschen können.

Die Schaltung ist der Liebling aller Radler. Männer lieben sie merkwürdigerweise mehr als Frauen. Eine Erklärung liegt vielleicht in der Technikphobie vieler Frauen. Mithilfe der Schaltung kann man sich das Treten leichter oder schwerer machen. Insbesondere bei Steigungen und Gegenwind ist sie herzlich willkommen. Die Schaltung verfügt über mehrere Gänge, die aber nicht aus Speisen bestehen.

Die Bremse ist eine raffinierte Installation am Fahrrad, die mittels Bremsbacken an den Felgen des Vorder- und Hinterrades die Fahrt stoppen kann. Bedient man die Bremshebel zu resolut, kann es bei stramm funktionsfähigen Bremsen zu einem unerwünschten Abstieg über das Lenkrad kommen. Nur Fahrradkuriere verzichten ganz auf Bremsen.

Die Lichtanlage besteht aus einer frontalen Lampe und einem Rücklicht, zuzüglich der Katzenaugen. Alternativ nehmen viele dafür aber keine Katzen mehr mit und bevorzugen handelsübliche reflektierende Fertigprodukte. Das Licht dient der Sicherheit des Radlers, dem – neben dem Fußgänger – besonders im Dunklen wohl gefährdetsten Teilnehmer im Straßenverkehr.

Der Gepäckträger ist die Ladefläche des Fahrrades. Häufig ist dort ein Korb oder ein Sitz für Kleinkinder montiert. Ganz Verwegene nehmen darauf auch bis zu zwei mittelgroße Fahrgäste mit, die jedoch auf eigene Verantwortung. Im asiatischen Raum transportiert man auf dem Gepäckträger auch Vieh, Boote oder Container.

Die Klingel ist ein am Lenkrad befestigtes, zumeist metallisches Objekt, das mittels eines Hebels durch leichten Druck mit dem Daumen ein lautes „Kling!" ertönen lässt, was ihr auch den Namen Klingel verschafft hat. Mit diesem Klingeln will der Fahrradfahrer eigentlich nur auf sich und sein tolles Rad aufmerksam machen.

Der Elektromotor fürs Fahrrad ist wohl keine neue Erfindung, erfreut sich aber heute mit seiner weiterentwickelten Technik eines sagenhaften Booms. Wie von Menschen damit spielerisch über alle Berge – nur von ihren verzweifelten Geldinstituten verfolgt, die versuchen, die letzten Raten für die teuren Hightechräder einzutreiben.

Peter Butschkow

Glück muss man haben

Torsten stand schon eine Viertelstunde an dem Schaufenster und drückte sich die Nase platt. „Mensch, das ist ein Rennrad", murmelte er immer wieder vor sich hin. Da stand es, mitten im Schaufenster, knallrot und blitzte in der Sonne. „Das ist eine Wucht", sagte er halblaut und ging in das große Fahrradgeschäft hinein. Überall standen Fahrräder in den Gängen oder hingen an der Decke. Fahrräder in allen Größen und allen Farben. Man konnte sich gar nicht sattsehen daran. Doch Torsten interessierte nur das knallrote Rennrad im Schaufenster. Er blieb neben der Eingangstür stehen und verschlang das Rad förmlich mit seinen Augen.

Was würden seine Freunde sagen, wenn er mit solch einem tollen Rad durch die Straßen fahren würde. Er wäre der Größte, der absolute King. Das wusste Torsten genau. Damit würde er jedes Wettrennen gewinnen, selbst der große Martin hätte keine Chance.

„Das Rennrad gefällt dir, was", sprach ihn der Verkäufer von der Seite an.

Torsten war richtig erschrocken, so hatte er geträumt.

„Ja, ja, toll", stammelte er.

„Du kannst es gewinnen", sagte der Verkäufer und zeigte auf ein großes Plakat, das an der Wand hing.

„GROSSES GEWINNSPIEL" stand mit großen Buchstaben auf dem Plakat.

„Du musst nur wissen oder raten, aus wie viel Teilen das Fahrrad besteht", lächelte der Verkäufer verschmitzt.

„Aus wie viel Teilen?", schaute Torsten ungläubig den Verkäufer an.

„Ja, der Rahmen, die Räder, die Speichen, die Kette, alle Schrauben, alles zählt mit. Da kommt schon einiges zusammen."

„Au Backe", stöhnte Torsten.

„Unter den richtigen Antworten wird der Gewinner ausgelost."

„Da mache ich mit", strahlte Torsten und wollte aus dem Geschäft.

„Halt, hier deine Teilnehmerkarte und am Mittwoch ist Schluss mit dem Gewinnspiel. Da muss deine Karte hier im Geschäft sein."

„Danke, natürlich, ganz bestimmt", sagte Torsten und stürzte nach Hause.

Am Abendbrottisch rutschte Torsten ganz unruhig auf seinem Stuhl hin und her.

„Junge, sitz doch still", mahnte die Mutter.

„Oder gab es in der Schule eine schlechte Zensur", forschte der Vater neugierig.

„Nein, ich muss wissen, aus wie viel Teilen ein Rennrad besteht", platzte Torsten heraus.

„Ein Rennrad, aus wie viel Teilen? Was soll der Unsinn?", meinte der Vater ärgerlich.

„Ja, ja, aus wie viel Teilen", sprudelte Torsten los und zeigte dem Vater die Teilnehmerkarte.

Der besah sich die Karte und meinte: „Na ja, ein Rad hat zwei Räder, einen Lenker, einen Sattel und so weiter."

„Nein, alle Teile, auch die kleinsten, alle Schrauben und Muttern, einfach alles."

„Da sieht die Sache schon schwieriger aus. Jedes Rad ist anders und hat also andere Einzelteile."

„Ich muss es aber von dem Rennrad im Geschäft wissen", sagte Torsten beleidigt.

„So ein Unsinn", sagte die Mutter, „das weiß doch das Geschäft selbst nicht. Ab ins Bett, es ist spät genug."

Am nächsten Tag nach der Schule saß Torsten den ganzen Nachmittag im Keller.

Auf ein großes Blatt Papier schrieb er alle Teile seines Fahrrads auf.

Er zählte alle Speichen, vom Vorder- und Hinterrad, auch die Glieder der Fahrradkette. Sattel, Lenker, Bremsen, Schutzbleche, Lampe, Rücklicht, alles notierte er auf dem Zettel. Ja, er baute sogar die beiden Räder ab und zählte alle Einzelteile.

Dann rechnete er alles zusammen und prüfte noch einmal, damit er ja nichts vergessen hatte. Beinahe hätte er die Pedale übersehen.

„Junge, was hast du nur den ganzen Tag im Keller gemacht", fragte die Mutter abends.

„Ich habe die Teile von meinem Rad gezählt und alles abgebaut und genau notiert", strahlte Torsten.

„Unsinn, jedes Rad ist anders", sagte der Vater.

Dann besah er sich die lange Liste, die Torsten geschrieben hatte.

„Hier, dein Gepäckträger. Überleg mal, ein Rennrad hat doch keinen Gepäckträger."

Torsten nahm dem Vater verärgert die Liste weg. „Vielleicht habe ich trotzdem Glück", sagte er trotzig.

„Oder einen tüchtigen Schnupfen, den ganzen Nachmittag in dem kalten Keller", schimpfte die Mutter.

Und wirklich, am nächsten Tag lag Torsten mit Husten und Fieber im Bett.

„So kannst du nicht in die Schule gehen", sagte die Mutter besorgt und stellte ihm eine heiße Tasse Tee ans Bett.

Torsten war ganz traurig und flüsterte: „Ich muss, es ist ganz wichtig."

„Ja, ja, ich weiß, du hast nur das dumme Rennrad im Kopf."

„Heute ist Mittwoch, der letzte Tag für das Gewinnspiel", krächzte Torsten ganz heiser.

„Ich bringe deine Karte selbst in das Geschäft, du bleibst den ganzen Tag im Bett", sagte die Mutter jetzt böse.

Als die Mutter mittags von der Arbeit nach Hause kam, wagte Torsten nicht, sie nach der Karte zu fragen. Sonst gab es wieder Schimpfe.

Die Erkältung wurde bald besser und am Samstagmorgen saß Torsten schon wieder mit Mutti und Vati am Frühstückstisch. Da klingelte es und wenig später stand ein junger Mann im Wohnzimmer: „Ich bin vom Fahrradgeschäft Müller und will Ihnen eine frohe Nachricht überbringen."

„Hurra, das Rennrad, ich hab es gewusst", sprang Torsten von seinem Stuhl auf.

„Ja, Sie haben das Rennrad in unserem großen Gewinnspiel gewonnen", sagte der junge Mann ganz feierlich.

„Ich habe gewonnen", rief Torsten und machte einen Luftsprung.

„Halt, mein Junge", sagte der Vertreter, „auf der Teilnehmerkarte steht: Renate Schmidt", und kramte die Karte aus seiner Jackentasche hervor.

„Das bin ich", sagte die Mutter ganz stolz.

„Dann darf ich Ihnen, liebe Frau Schmidt, zu dem großen Hauptpreis ganz herzlich gratulieren. Nächsten Mittwoch wird Ihnen der Preis in unserem Fahrradgeschäft überreicht. Die Presse wird natürlich anwesend sein. Herzlichen Glückwunsch."

Als der junge Mann wieder verschwunden war, schauten sich Torsten und der Vater ganz verdutzt an.

„Ja, ich habe auch eine Karte ausgefüllt", unterbrach die Mutter die Stille.

„Aber Renate, du hast doch überhaupt keine Ahnung von Fahrrädern", sagte der Vater fassungslos.

„Ja, Glück muss man haben", lachte die Mutter.

Manfred Orlick

Die Autopanne, *Berliner Illustrirte* 52/1934

Das Fahrrad ist das zivilisierteste Fortbewegungsmittel, das wir kennen. Andere Transportarten gebärden sich täglich albtraumhafter. Nur das Fahrrad bewahrt sein reines Herz.

Iris Murdoch

Zu Fuß oder mit dem Fahrrad; damals sangen wir den Mädchen ja auch Ständchen unterm Fenster. Heute fahren die Kerle im Porsche vor und hupen bloß noch.

Gotthilf Fischer

Radfahren ist ein großer Teil der Zukunft. Es muss so sein. Es läuft etwas falsch in einer Gesellschaft, die mit dem Auto zum Training ins Fitnessstudio fährt.

Bill Nye

Das Rad, das sich dreht, setzt keinen Rost an.

Aus Griechenland

Schatten und Rad vergleichbar sind Trauer und Freude des Lebens.
Wie der Schatten zuweilen sie nicht und wie das Rad drehen sie sich.

Alte Mönchsweisheit

Segen ist der Mühe Preis, *Ullstein-Band II*, 21/1936

Inhaltsverzeichnis

Quellenverzeichnis

Texte:

Friedrich Achleitner, der erste radfahrer, aus: Achleitner, Friedrich, „und oder oder und" © 2006, Paul Zsolnay Verlag GmbH, Wien

Hans Blickensdörfer, Man fährt wieder Rad © Peter Blickensdörfer, München

Peter Butschkow, Das Fahrrad, aus: Peter Butschkow, Überleben auf dem Fahrrad © Lappan in der Carlsen Verlag GmbH, Hamburg, 2016

Kristina Edlinger-Ploder, Büroradeln und das Dilemma mit dem Chic am Bike, aus: RadLerleben, Wehap, Wolfgang (Hrsg.), Ansichten steirischer Radfahrerinnen, vom Sattel aus notiert, 2009, Graz, Leykam © Dr. Wolfgang Wehap

Manfred Orlick, Glück muss man haben © Alle Rechte beim Autor

Edith Temmel, Vom Kurbelfahrrad mit gläsernen Flügeln © Alle Rechte bei der Autorin

Uwe Timm, Schröder und das Hochrad, aus: Uwe Timm, Der Mann auf dem Hochrad © 1984, Verlag Kiepenheuer & Witsch GmbH & Co. KG, Köln

Mark Twain: Wie man ein Hochrad bändigt aus dem Amerikanischen von Claus Sprick. Copyright der deutschsprachigen Übersetzung © 2012 Diogenes Verlag AG Zürich aus: Fahrradfreunde. Ein Lesebuch. 2013, Diogenes Verlag AG Zürich